143

CE QUI PLAIT AUX DAMES,
CONTE.
(par Voltaire)

OR maintenant que le beau Dieu du jour
Des Africains va brûlant la contrée,
Qu'un cercle étroit chez nous borne son tour,
Et que l'hiver allonge la soirée;
Après souper pour vous défennuier,
Mes chers amis écoutez une histoire,
Touchant un pauvre & noble Chevalier,
Dont l'aventure est digne de mémoire.
Son nom était Messire JEAN ROBERT,
Lequel vivait sous le Roi Dagobert.

je crois que cette edition est celle dont Voltaire parle dans sa lettre à Guy Duchesne du 8.me janvier 1764.

D'argent fort peu; car dans ces tems de crise
Tout Paladin fut très-mal partagé,
L'argent n'allait qu'aux mains des gens d'Eglise.

A

CE QUI PLAIT AUX DAMES,
CONTE.
(par Voltaire.)

OR maintenant que le beau Dieu du jour
Des Africains va brûlant la contrée,
Qu'un cercle étroit chez nous borne son tour,
Et que l'hiver allonge la soirée ;
Après souper pour vous défennuier,
Mes chers amis écoutez une histoire,
Touchant un pauvre & noble Chevalier,
Dont l'aventure est digne de mémoire.
Son nom était Messire JEAN ROBERT,
Lequel vivait sous le Roi Dagobert.

 Il voyagea de vers Rome la Sainte,
Qui surpassait la Rome des Césars ;
Il rapportait de son auguste enceinte
Non des lauriers cueillis aux champs de Mars;
Mais des agnus avec des indulgences,
Et des pardons, & de belles dispenses ;
Mon Chevalier en était tout chargé,
D'argent fort peu ; car dans ces tems de crise
Tout Paladin fut très-mal partagé,
L'argent n'allait qu'aux mains des gens d'Eglise.

A

Sire Robert possédait pour tout bien
Sa vieille armure, un cheval & son chien;
Mais il avait reçu pour appanage
Les dons brillans de la fleur du bel âge;
Force d'Hercule & graces d'Adonis,
Dons fortunés qu'on prise en tout pays.
Comme il était assez près de Lutece,
Au coin d'un bois qui borde Charenton;
Il apperçut la fringante Marton,
Dont un ruban nouait la blonde tresse,
Sa taille est leste, & son petit jupon
Laisse entrevoir sa jambe blanche & fine;
Robert avance, il lui trouve une mine,
Qui tenterait les Saints du Paradis;
Un beau bouquet de roses & de lis
Est au milieu de deux pommes d'albâtre,
Qu'on ne voit point sans en être idolâtre;
Et de son teint la fleur & l'incarnat,
De son bouquet auraient terni l'éclat.
Pour dire tout, cette jeune merveille,
A son giron portait une corbeille,
Et s'en allait avec tous ses attraits
Vendre au Marché du beure & des œufs frais.
Sire Robert, ému de convoitise,
Descend d'un saut, l'accole avec franchise;
J'ai vingt écus, dit-il, dans ma valise;
C'est tout mon bien, prenez encor mon cœur,
Tout est à vous. C'est pour moi trop d'honneur,
Lui dit Marton. Robert presse la belle,
La fait tomber, & tombe aussi-tôt qu'elle,

Et la renverse & casse tous ses œufs,
Comme il cassait, son cheval ombrageux,
Epouvanté de la fiere bataille,
Au loin s'écarte, & fuit dans la broussaille.
De Saint Denis un Moine survenant
Monte dessus & trotte à son Couvent.

 Enfin Marton rajustant sa coeffure,
Dit à ROBERT, où sont mes vingt écus?
Le Chevalier tout pantois & confus
Cherchant en vain sa bourse & sa monture,
Veut s'excuser, nulle excuse ne sert,
Marton ne peut digérer son injure,
Et va porter sa plainte à Dagobert:
Un Chevalier, dit elle, m'a pillée
Et violée, & sur-tout point payée.
Le sage Prince à Marton répondit;
C'est de viol que je vois qu'il s'agit:
Allez plaider devant ma femme Berthe,
En tels Procès c'est une femme experte;
Bénignement elle vous recevra,
Et sans délai justice se fera.

 Marton s'incline & va droit à la Reine.
Berthe étoit douce, affable, accorte, humaine;
Mais elle avait de la sévérité
Sur le grand point de la pudicité:
Elle assembla son conseil de dévotes;
Le Chevalier sans éperons, sans botes,
La tête nue & le regard baissé,
Leur avoua ce qui s'était passé;
Que vers Charonne il fut tenté du Diable,

A ij

Qu'il succomba, qu'il se sentait coupable,
Qu'il en avait un très-pieux remord;
Puis il reçut sa sentence de mort.
 Robert était si beau, si plein de charmes,
Si bien tourné, si frais & si vermeil,
Qu'en le jugeant la Reine & son Conseil,
Lorgnaient Robert & répandaient des larmes.
Marton de loin dans un coin soupira.
Berthe au Conseil alors rémormora,
Qu'au Chevalier on pouvait faire grace,
Et qu'il vivrait pour peu qu'il eût d'esprit;
Car vous sçavez que notre loi prescrit
De pardonner à qui pourra nous dire
Ce que la femme en tous les tems desire;
Bien entendu qu'il explique le cas
Très-nettement, & ne nous fâche pas.
 La chose étant au Conseil exposée,
Fut à Robert aussi-tôt proposée.
La bonne Berthe afin de le sauver,
Lui concéda huit jours pour y rêver;
Il fit serment aux genoux de la Reine,
De comparaître au bout de la huitaine,
Remercia du decret lénitif,
Prit congé d'elle, & partit tout pensif.
 Comment nommer, disait-il, en lui-même,
Très-nettement ce que toute femme aime
Sans la fâcher ! la Reine & son Sénat
Ont aggravé mon trop piteux état.
J'aimerais mieux, puisqu'il faut que je meure,
Que sans délai l'on m'eût pendu sur l'heure.

Dans son chemin, dès que ROBERT trouvait,
Ou femme, ou fille, il priait la passante,
De lui conter ce que plus elle aimait;
Toutes faisaient réponse différente,
Toutes mentaient, nulle n'allait au fait.
Sire ROBERT au Diable se donnait,
Déja sept fois l'astre qui nous éclaire,
Avait doré les bords de l'hémisphère;
Quand sur un pré sous des ombrages frais,
Il vit de loin vingt beautés ravissantes,
Dansant en rond, leurs robes voltigeantes
Etaient à peine un voile à leurs attraits.
Le doux zéphire en se jouant auprès,
Laissait flotter leurs tresses ondoyantes;
Sur l'herbe tendre elles formaient leurs pas,
Rasant la terre & ne la touchant pas.
ROBERT approche, & du moins il espere
Les consulter sur sa maudite affaire.
En un moment tout disparait, tout fuit,
Le jour baissait, à peine il étoit nuit;
Il ne vit plus qu'une vieille édentée,
Au teint de suie, à la taille écourtée,
Pliée en deux, s'appuyant d'un bâton,
Son nez pointu touche à son court menton;
D'un rouge brun sa paupière est bordée,
Quelques crins blancs couvrent son noir chignon;
Un vieux tapis qui lui sert de jupon,
Tombe à moitié sur sa cuisse ridée;
Elle fit peur au brave Chevalier.
Elle l'accoste, & d'un ton familier,

Lui dit, mon fils, je vois à votre mine,
Que vous avez un chagrin qui vous mine;
Apprenez-moi vos tribulations;
Nous souffrons tous, mais parler nous soulage,
Il est encore des consolations;
J'ai beaucoup vu : le sens vient avec l'âge.
Aux malheureux quelquefois mes avis,
Ont fait du bien quand on les a suivis.
 Le Chevalier lui dit, hélas! ma bonne,
Je vais cherchant des conseils, mais en vain,
Mon heure arrive, & je dois en personne,
Sans plus attendre, être pendu demain,
Si je ne dis à la Reine, à ses femmes,
Sans les fâcher, ce qui plaît tant aux Dames.
 La vieille alors lui dit, ne craignez rien,
Puisque vers moi le bon Dieu vous envoye,
Croyez, mon fils, que c'est pour votre bien;
Devers la Cour cheminez avec joie;
Allons ensemble, & je vous apprendrai
Ce grand secret de vous tant desiré;
Mais jurez moi qu'en me devant la vie,
Vous serez juste, & que de vous j'aurai
Ce qui me plaît & qui fait mon envie,
L'ingratitude est un crime odieux.
Faites serment, jurez par mes beaux yeux,
Que vous ferez tout ce que je desire.
Le bon ROBERT le jura non sans rire.
Ne riez point, rien n'est plus sérieux,
Reprit la vieille, & les voilà tous deux,
Qui côte-à-côte arrivent en présence,

De Reine Berthe ; & de la Cour de France;
Incontinent le Conseil assemblé,
La Reine assise, & ROBERT appellé,
Je sçais, dit-il, votre secret, mes Dames,
Ce qui vous plaît en tous lieux, en tous tems;
N'est pas toujours d'avoir beaucoup d'amans;
Mais fille ou femme, ou veuve, ou laide, ou belle;
Ou pauvre, ou riche, ou galante, ou cruelle,
La nuit, le jour veut être à mon avis,
Tant qu'elle peut la Maîtresse au logis.
Il faut toujours que la femme commande ;
C'est-là son goût, si j'ai tort qu'on me pende.

 Comme il parlait, tout le Conseil conclut
Qu'il parlait juste & qu'il touchait au but.
ROBERT absous baisait la main de Berthe,
Quand de haillons & de frange couverte,
Au pied du trône on vit notre sans dent
Criant justice, & la presse fendant,
On lui fait place, & voici sa harangue.

 O Reine Berthe ! ô beauté dont la langue
Ne prononça jamais que vérité,
Vous dont l'esprit connaît toute équité,
Vous dont le cœur, s'ouvre à la bienfaisance,
Ce paladin ne doit qu'à ma science
Votre secret, il ne vit que par moi,
Il a juré mes beaux yeux & sa foi
Que j'obtiendrais de lui ce que j'espere ;
Vous êtes juste & j'attends mon salaire.

 Il est très-vrai, dit ROBERT, & jamais
On ne me vit oublier les bienfaits,

Mais vingt écus, mon cheval, mon bagage
Et mon armure étaient tout mon partage,
Un Moine noir a par dévotion
Saisi le tout quand j'assaillis Marton,
Je n'ai plus rien, & malgré ma justice
Je ne sçaurais payer ma bienfaitrice.

 La Reine dit, tout vous sera rendu,
Le Moine noir sera demain pendu ;
Votre fortune en trois parts divisée,
Fera trois lots justement compensés,
Les vingt écus à Marton la lézée
Sont dûs de droit & pour ses œufs cassés.
La bonne vieille aura votre monture,
Et vous, ROBERT, vous aurez votre armure.

 La vieille dit, rien n'est plus génereux ;
Mais ce n'est pas son cheval que je veux ;
Rien de ROBERT ne me plaît que lui même ;
C'est sa valeur & ses graces que j'aime :
Je veux régner sur son cœur amoureux,
De ce trésor ma tendresse est jalouse :
Entre mes bras ROBERT doit vivre heureux ;
Dès cette nuit, je prétends qu'il m'épouse.

 A ce discours que l'on n'attendait pas,
ROBERT glacé, laisse tomber ses bras.
Puis fixément contemplant la figure,
Et les haillons de notre créature,
Dans son horreur, il recule trois pas,
Signa son front ; & d'un ton lamentable,
Il s'écriait, ai-je donc mérité
Ce ridicule & cette indignité !

J'aimerais mieux que votre Majesté
Me fiançât à la mere du Diable;
La vieille est folle, elle a perdu l'esprit.
 Lors tendrement notre sans dent reprit,
Vous le voyez, ô Reine! il me méprise;
Il est ingrat, les hommes le sont tous;
Mais je vaincrai ses injustes dégoûts,
De sa beauté j'ai l'ame trop éprise,
Je l'aime trop pour qu'il ne m'aime pas.
Le cœur fait tout : j'avoue avec franchise
Que je commence à perdre mes appas;
Mais j'en serai plus tendre & plus fidele :
On en vaut mieux, on orne son esprit,
On sçait penser, & Salomon a dit,
Que femme sage est plus que femme belle.
Je suis bien pauvre, est-ce un si grand malheur?
La pauvreté n'est point un déshonneur.
N'est-on content que sur un lit d'ivoire?
Et vous, Madame, en ce Palais de gloire,
Dormez-vous mieux, aimez-vous mieux que moi?
De Philémon vous connaissez l'histoire,
Amant aimé dans le coin d'un taudis,
Jusqu'à cent ans il caressa Baucis.
Les Noirs chagrins, enfans de la vieillesse
N'habitent point sous nos rustiques toits,
Le vice fuit où n'est point la molesse,
Nous servons Dieu; nous égalons les Rois;
Nous soutenons l'honneur de vos Provinces,
Nous vous faisons de vigoureux soldats;
Et croyez-moi, pour peupler vos États,

Les pauvres gens valent mieux que vos Princes.
Que si le ciel à mes chastes desirs
N'accorde pas le bonheur d'être mere,
Les fleurs du moins sans les fruits peuvent plaire,
On me verra jusqu'à mon dernier jour,
Cueillir les fleurs de l'arbre de l'amour.

 La Décrépite en parlant de la sorte,
Charma le cœur des Dames du Palais.
On adjugea ROBERT à ses attraits ;
De son serment la sainteté l'emporte
Sur son dégoût, la Dame encore voulut
Être à cheval, entre ses bras menée ;
A sa chaumiere, où ce noble himenée
Doit s'achever dans la même journée,
Et tout fut fait comme à la vieille il plut.

 Le Chevalier sur son cheval remonte,
Prend tristement sa femme entre ses bras,
Saisi d'horreur & rougissant de honte,
Tenté cent fois de la jetter à bas,
De la Noyer ; mais il ne le fit pas ;
Tant des devoirs de la Chevalerie,
La loi sacrée était alors chérie.
Sa tendre épouse en trottant avec lui,
Lui rappellait les exploits de sa race,
Lui racontait comment le Grand Clovis ;
Assassina trois Rois de ses amis,
Comment du Ciel il mérita la grace.
Elle avait vû le beau Pigeon béni,
Du haut des Cieux apportant à Remi,
L'Empoule sainte & le celeste crême,

Dont ce Grand Roi fut oint dans son batême.
Elle mêlait à ses narrations,
Des sentimens & des réfléxions,
Des traits d'esprit & de morale pure,
Qui, sans couper le fil de l'aventure,
Faisait penser l'auditeur attentif,
Et l'instruisait, mais sans l'air instructif.
Le bon ROBERT à toutes ces merveilles,
Le cœur ému prêtait ses deux oreilles,
Tout délecté quand sa femme parlait,
Prêt à mourir quand il la regardait.

   L'étrange couple arrive à la chaumiére,
Que possédait l'affreuse avanturiére ;
Elle se trousse & de sa sale main,
De son époux arrange le festin ;
Frugal repas fait pour ce premier âge,
Plus célébré qu'imité par le sage ;
Deux ais pourris sur trois pieds inégaux,
Formaient la table où les époux soupérent ;
A peine assis sur deux minces treteaux,
Du triste époux les regards se baissérent.
La décrépite égaya le repas,
Par des propos plaisans & délicats,
Par ces bons mots, qui piquent & qu'on aime,
Si naturels que l'on croirait soi-même
Les avoir dits. ROBERT, fut si content,
Qu'il en sourit, & qu'il crut un moment
Qu'elle pouvait lui paraître moins laide ;
Elle voulut quand le souper finit,
Que son époux vînt avec elle au lit,

Le désespoir, la fureur le possédé ;
A cette crise il souhaite la mort.
Mais il se couche, il se fait cet effort ;
Il l'a promis, le mal est sans reméde.
Ce n'était point deux sales demi-draps,
Percés de trous, & rongés par les rats,
Mal étendus sur de vieilles javelles,
Mal recousus encor par des ficelles,
Qui révoltaient le Guerrier malheureux ;
Du saint hymen les devoirs rigoureux,
S'offraient à lui sous un aspect horrible,
Le Ciel, dit-il, voudrait-il l'impossible !
A Rome on dit que la Grace d'en-haut,
Donne à la fois le vouloir & le faire,
La Grace & moi nous sommes en défaut.
Par son esprit ma femme a dequoi plaire,
Son cœur est bon ; mais dans le grand conflit,
Peut-on jouir du cœur ou de l'esprit ?
Ainsi parlant le bon ROBERT se jette,
Froid comme glace au bord de sa couchette ;
Et pour cacher son cruel déplaisir,
Il feint qu'il dort, mais il ne peut dormir.
 La Vieille alors lui dit d'une voix tendre,
En le pinçant, ah ! ROBERT, dormez-vous ?
Charmant Ingrat, cher & cruel époux,
Je suis rendue, hâtez-vous de vous rendre,
De ma pudeur les timides accents,
Sont subjugués par la voix de mes sens.
Régnez sur eux ainsi que sur mon ame ;
Je meurs, je meurs ! ciel ! à quoi réduis-tu,

Le naturel qui combat ma vertu !
Je me diſſous, je brûle, je me pâme,
Ah ! le plaiſir m'enyvre malgré moi,
Je n'en peux plus, faut-il mourir ſans toi !
Va, je le mets deſſus ta conſcience.
ROBERT avait un fond de complaiſance,
Et de candeur & de Religion,
De ſon épouſe il eut compaſſion.
Hélas ! dit-il, j'aurais voulu, Madame,
Par mon ardeur égaler votre flamme;
Mais que pourrai-je ! Allez, vous pourrez tout,
Reprit la Vieille, il n'eſt rien à votre âge,
Dont un grand cœur, enfin ne vienne à bout,
Avec des ſoins, de l'art & du courage,
Songez combien les Dames de la Cour
Célébreront ce prodige d'amour.
Je vous parais peut-être dégoûtante,
Un peu ridée, & même un peu puante,
Cela n'eſt rien pour des Héros bien nés;
Fermés les yeux & bouchez-vous le nez.

 Le Chevalier, amoureux de la gloire,
Voulut enfin tenter cette victoire;
Il obéit, & ſe piquant d'honneur,
N'écoutant plus que ſa rare valeur,
Aidé du ciel, trouvant dans ſa jeuneſſe,
Ce qui tient lieu de beauté, de tendreſſe,
Fermant les yeux, ſe mit à ſon devoir.

 C'en eſt aſſez lui dit ſa tendre épouſe,
J'ai vû de vous ce que j'ai voulu voir,
Sur votre cœur j'ai connu mon pouvoir;

De ce pouvoir ma gloire était jalouse,
J'avais raison ; convenez-en, mon fils,
Femme toujours est maîtresse au logis.
Ce qu'à jamais, ROBERT, je vous demande,
C'est qu'à mes soins vous vous laissiez guider,
Obéissez, mon amour vous commande
D'ouvrir les yeux & de me regarder.

 ROBERT regarde, il voit à la lumiere
De cent flambeaux, sur vingt lustres placés,
Dans un Palais, qui fut cette chaumiere,
Sous des rideaux, de perles rehaussés,
Une Beauté, dont le pinceau d'Appelle,
Ou de Vanlo , ni le cizeau fidéle
Du bon Pigal, Le Moine, ou Phidias,
N'auraient jamais imité les appas.
C'était Venus, mais Venus amoureuse,
Telle qu'elle est, quand les cheveux épars,
Les yeux noyés, dans sa langueur heureuse,
Entre ses bras, elle attend le Dieu Mars.

 Tout est à vous, ce Palais & moi-même,
Jouissez-en, dit-elle à son vainqueur,
Nous n'avez point dédaigné la laideur,
Vous méritês que la beauté vous aime.

 Or, maintenant j'entends mes auditeurs
Me demander quelle était cette belle,
De qui ROBERT eut les tendres faveurs.
Mes chers amis, c'était la Fée URGELLE,
Qui dans son tems protégea nos Guerriers,
Et fit du bien aux pauvres Chevaliers.

 O l'heureux tems que celui de ces fables,

Des bons démons, des esprits familiers,
Des farfadets, aux mortels secourables !
On écoutait tous ces faits admirables,
Dans son Château, près d'un large foyer,
Le pere & l'oncle, & la mere & la fille,
Et les voisins, & toute la famille,
Ouvraient l'oreille à Monsieur l'Aumônier,
Qui leur faisait des contes de sorcier.
On a bani les Démons & les Fées,
Sous la raison les Graces étouffées,
Livrent nos cœurs à l'insipidité ;
Le raisonner tristement s'acrédite,
On court, hélas ! après la vérité,
Ah ! croyéz-moi, l'erreur a son mérite.

www.ingramcontent.com/pod-product-compliance
Lightning Source LLC
Chambersburg PA
CBHW071444060426
42450CB00009BA/2294